现代网球的 32 个战术

作者 约瑟夫 科雷亚

你学过的最有价值的的 32 个网球战术！

版权

©2016 Finibi Inc

本书的版权归约瑟夫科雷亚有所。

保留所以权利。本书及其任何部分未经出版社同意不得擅自复制印刷，或用于其他用途，对本书的评论中的引用除外。

为经出版社及作者允许擅自扫描，上传，通过网络或其他方式传播本书的行为都视为违法行为，并负法律责任。

请购买正版。使用本书训练前请咨询你的物理医师。

这本书献给我的女儿，加夫列拉，如果她确定网球是属于她的，希望这本书能够成为她未来比赛的指导。

介绍

战术的使用是网球比赛中的一个重要部分。知道如何应用这些战术能够帮助你对抗比你强劲的对手时赢得更多赛局。这些战术能够帮助你做到以下三点事情：

1. 为一个特定类型的选手做好准备。

2. 你会知道在一场比赛中运用什么战术会最为有效。

3. 根据你的打法去执行这些战术。

这本网球战术书是一本口袋书。它应该放在你的网球包里或者任何最容易阅读它的地方，使你随时能够运用那些在比赛中最为有用的战术。

关于作者

约瑟夫 科雷亚是是一个职业的网球选手兼教练。参加国际网球协会和国际职业网球联合会的比赛并在其中执教多年。他除了是一位职业球员外，他还获得了美国职业网球网球注册职业教练证书以及国际网球协会儿童教练证书。训练过上百位网球选手。

作为本书的作者，我坚信在不同的比赛中执行不同的战术是非常重要的。有时一个较好的选手往往会轻易地输给他水平低的选手，正是因为他运用了错误的战术，而他的对手正好相反。本书将会帮你赢得更多的比赛并带给你更好的网球的职业生涯。

最好的祝愿，

约瑟夫 科雷亚

目录

介绍

关于作者

第一章：对抗基础打法的选手

1. 如何战胜底线选手

2. 怎么应对上网型选手

3. 如何战胜的底线防守型选手

4. 如何击败发球上网型选手

5. 如何压制全场型选手

6. 如何战胜高吊球型选手

7. 如何击败稳抓稳打型的选手

第二章：对抗高级打法的选手

8. 怎么应对发强力上旋球的球员

9. 如何战胜只打削球的球员

10. 如何战胜大力发球型的选手

11. 如何回击过网急坠球

12. 如何战胜奔跑型球员

13. 如何压制大力正拍

14. 如何战胜大力击球员

第三章：对抗非常规打法的球员

15. 如何打败"牢骚"型的球员

16. 如何击败打拖延战的球员

17. 如何战胜速战型的球员

18. 如何打败受欢迎的球员

19. 如何反击软角度球

20. 如何反击深高球

21. 如何反击高反手球

22. 如何战胜零乱打法的球员

第四章: 精神上的战术

23. 如何克服紧张

24. 如何克服压力

25. 如何保持注意力集中

26. 交换场地时该想什么

27. 比赛前该思考什么

28. 比赛前晚前该思考什么

29. 落后一盘该怎么办

30. 领先一盘后该做什么

31. 到赛末点了该怎么办

32. 双发失误该怎么办

第一章：对抗基础打法的选手

战术 #1

如何战胜底线选手

问题：

一个好的底线型球员尽量不会去网前，底线是他们的安全区。因此，最好的战术就是在反击的时候将他们带到网前——他们最为劣势的区域。现在用底线球或者简单的截击都可能造成对方失误。

解决办法：

击败的底线球员最好的方法之一就是利用以下任何一种打法，短线削球，放小球，短线上旋球，短线角度球，将他们带到网前。

如果你是用短线削球，可以将对手引诱到网前，如果这个球非常短，他的必须到网前来截击或是打过顶球。

如果你是用放小球，一定可以将对手带到网前。他们除了直奔到发球区里别无选择。

如果你是用短线上旋球，虽然不能将他们逼到网前但是如果他们不选择上网也会处于非常不利的位置。你可以利用这个优势打身后球。

如果你是打用短线角度，他们不仅不得不离开底线还会稍微跑出场外。要是他们不回到网前顾及内场的话，他们又会处于非常不利的位置。

如果你发了一好球，不时地发球上网或者只是简单地冲到网前总能给他们一些"惊喜"，造成他们失误。

战术 #2

怎么应对上网型选手

问题:

上网型选手总是在二发，回球较轻，短线球之后准备上网。他们最好的打击就是截击和过顶球。他们常通过在网前施压使得对手失误或做出错误的判断来得分。

解决办法:

对付上网型的选手最好的方式就是通过一发保持在底线,就算这样会减弱发球的力量。也可以深度的上旋球，将球打进对手球场的斜对方将其调到场外。如果他们已经上网你应该：

1. 将球打进底线。

2. 将球打进对手球场的斜对方。

3. 打短线角度球。

4. 通过平击，上旋或削球将球吊到他们的反手。

5. 直接将球击向他们的身体，解除他们的防守同时降低他们的速度。

战术 #3

如何战胜底线防守型选手

问题:

底线防守型球员不会主动出击。他们常根据你的击球策略来应对。如果你选择上网,他们就打你身后。如果你大力强攻,他们会借力打力,展开拉锯战。假如你不知道如何应对这类球员,他们会是很大的麻烦。如果你没有一套战术来应对,你打得越大力越快对他们就越有利。

解决办法:

要击败底线防守型的选手你时刻都要清楚是否要进攻,并事先就准备好一套平时联系得分的战术。一下是一些建议:

- 发宽球然后抓对手空档。

- 打空档然后上网施压得分。

- 打短线球强迫他们主动到网前。

战术 #4

如何击败发球上网型选手

问题：

发球上网型的球员快速和果断。一旦他们有机会就会要不犹豫的拿下分数。 在有力或是带旋转发球后马上就会上网。

解决办法：

应对他们最好战术是降低他们的速度或是阻止他们上前。使他们慢下来并造成他们失误的三个最有效的方法是：

1. 他们的发球回到他们的脚下这样他们只能半途截击。

2. 将他们的发球回向他们的身体使他们身体在截击路线之外。 这也许不是一个光彩的办法但是很有效果，在你别无选择的时候的一个手段。

3. 用高吊球对付他们。将回得尽量的高和深，然后马上做好准备，通常情况下，当球还在空中时，他们会果断地尝试用有力地过顶球进行回击。如果你的球吊得够高的话，他们会停下来试图打出一个完美的过顶球。但是这并不总是能轻易做到的，如果当天有风，下雨，在正午的时候，当太阳正对着他们眼睛时，晚上最难去判断距离的时候。

战术 #5

如何压制全场型选手

问题:

全场型球员可以打任何位置。发球上网,底线放手,网前积极地进攻,耐心地在后场打持久战。每个人都在不断地练习,努力成为一个全场型的球员这样就可以摆脱很明显容点,在比赛中更容地进攻。

解决办法:

全场型球员通常样样都擅长但是这不代表他们没有弱点。在比赛中进行调整,集中打他们最不擅长的,发挥你最擅长的。

例如:如果他的弱项是反手,你的强项是正手。你应该向他们的反手发球绕过你的反手准备打正手。继续向他们的反手施压直到找到机会上网或得分。用这种方式迫使对手用他们弱项打你的强项。另一个好的战术是攻击他们网前的较弱的那一边迫使他们失误。

战术 #6

如何战胜高吊球型选手

问题:

常打吊球或月亮球的球员非常难对付，他们可以使你失去耐心。你想攻击的时候他们总可以利用他们的吊球把所以事情都慢下来。当你想上网的时候你知道你将必须打过顶球。

解决办法:

你不想因为对手较高的吊球击球率使得你的击球率过低而输掉比赛。最好的战术就使他们离开他们最适应的区域或迫使他们在非常不利的位置来打吊球，又或者到无法打吊球的位置。用低的角度球可以迫使对手走出后场到场边，这样以来就很难打吊球了，因为距离要比在后场短很多。另一个摆脱这类选手的吊球的方法是简单的用短线球或是放小球将他们带到网球区域。在网前你可以打截击或者过顶，但是不能打吊球。还有一个能够击败吊球球员的有效方法是打低的短线削球，这样对手就很难打出很好的吊球，当他们没有打出好的吊球时，你就可以很轻松的打他们的身后。最后的办法是当球还在空中的时候就回击，从不让球落地。如果你站在底线里面而且对空中挥球很有信心，这将是非常有效的方式。

战术 #7

如何击败稳抓稳打型的选手

问题:

稳抓稳打的球员在比赛中通常不会主动进攻。他们不经常失误,但也不会经常打出制胜球。他们总是等待你的失误,然后利用的它们给你更多压力。

解决办法:

对付稳抓稳打的球员,必须迫使他们失误。最好的方式之一就是利用放小球或是短线球将他们带到网前,然后使他们必须打通常他们最不在行的截击球或过顶球,因为他们将更多时间用在后场打稳定的比赛。如果网前进攻是你的强项的话,你应该利用速度,短线球在网前发起进攻迫使他们冒更多风险打穿越球和吊球。用这个两战术对付此类球员都是非常有效的。

第二章：对抗高级打法的选手

战术 #8

怎么应对发强力上旋球的球员

问题：

有力的上旋球在现在的比赛中被用得越来越多。球弹起得时候既快又高，很难利用这种球去进攻或上网。迫使你要么退回后场或挪到前场进行回击。

解决办法：

有几种方法可以帮助你反击这种有力的上旋球。1. 你可以后退找你最适应的击球位置。这里不要在肩部的高度，或超过肩部的高度击球，对多数球员来说在这种高度很难回球要难得多。2. 你可以在球弹得过高之前就回击，在回击的同时往场内移动。 这要求你过硬的技术， 却带给你好的回报：如果你能保持快速回击，可以让你的对手忙得不可开交。

战术 #9

如何战胜只打削球的选手

问题:

有些网球选手可能只打削球。要么是因为他们的削球打得很好，要么是除了削球他们不知道怎么其他的球。这种球很低而且短，使得很难去利用它进攻或是得分。

解决办法:

对待这类球员要有耐心，长期的付出总有回报。关键是低削球不要打得太多。 试着压低重心向前移动。使他们失误的一种最好的方式是，让他们跑来跑去，然后当他们打削球时，你在网前就回击。或者用混合高度球对付他们。混合高度球的意思是打一个低的上旋球，然后打一个高的上旋球，不断用这种模式直到他们挥拍时找到不正确的角度，迫使他们要么打得太低过不了网，要么打得太高而出界。

战术 #10

如何战胜大力发球的选手

问题：

大力发球的球员是很强硬的对手因为向你飞来的球速很高。这些有力且快速的球的出现，往往没有什么预警。

解决办法：

保持用小拉拍回击，在球到来之前就先跑位。在对手击球时利用分腿垫步来提高你的反应时间。回击快速发球的秘诀不是用力打力。学会利用对手的力量打出好球。多数时候你会发现要回一个好球并不需要比对手打得更大的力，需要牢记这一点。跑位，眼睛盯住球，利用小拉拍，回球时 向前移动做好这几点可也就成功回击大力发球。

战术 #11

如何回击过网急坠球

问题:

过网急坠球是一个有力的武器因为它不要求力量，以巧击或是轻击的方式被人熟知。过网急坠球拥有着和抽杀球，过顶球一样的价值。记住在球场上边线到边线的距离要比底线到球网的距离短。当你过网急坠球的时候就让对手移动的距离越长。

解决办法:

回击过网急坠球的最好方式就是过网急坠球。这样你被打穿越球，吊球或是目标球的机会大大减少。如果你很精通这种打法，可以让你的对手措手不及往网前跑。第二种回击过网急坠球的方式是用深度球向对手较弱的那边进行回击，然后期待打截击或是过顶球。如果你希望减少对手的过网急坠球，要么打有力的深度球，要么打高的深度球。这使得对手很击出过网急坠球。

战术 #12

如何战胜奔跑型球员

问题:

跑动型球员是非常强硬的对手因为他们一般不会轻易放弃且有能将很多球救回来。有些球员靠他们绝对的速度赢得比赛。他们不知疲倦的追球直到他们对手出现失误。

解决办法:

跑动型球员总会有一个较弱的击球。可能是他们的反手，正手，发球，截击或是过顶球。找到他们的弱点然后攻击这个弱点而不是抽杀。要记住他们最大的强项是他们的速度，所以将进攻的重心放在他们最弱的地方，就算这意思者不去打抽杀球。对付他们必须要有耐心，让他们在他们最弱的地方失误。坚持和有耐心，等待他们的失误，不要偏离这个战术。你常会被诱惑想去打得分球，但坚持你的战术而不是打对手最擅长的才是你应该做的。要击败跑动型球员，就要攻击他们的弱点，而不是他们的速度，因为那是你最难得分的点。保持你的战术把它坚持到底。

战术 #13

如何压制大力正拍

问题：

强力的正手球在网球比赛中很常见因为它是每个球员得分的必备武器，通常正手球就是他们最强有力的打击。在现代的比赛中强力的正手球是赢得更多分数的必要条件，因为选手们都越来越快和强壮，所以如果你想穿过他们就必须打出更快更有力的球了。

解决办法：

只要选手们在他们的发力区击球就总可以打出大力的正手球，而者个区域一般在膝盖到肩膀之间。如果你能让他们在低于他们膝盖或高于肩膀以上的高度击球，他们打出强力的正手球的机会就没有那么高了。试着用低的削球攻击他们的正手或者用高的上旋球减少他们正手发力。

战术 #14

如何战胜大力击球员

问题：

大力击球的球员左两翼都可以压制对手而且常能利用火焰似的发球得分。他们的得分秘诀就是击球的力量大于其他球员。

解决办法：

你需要利用这些像是慢速的削球，侧削球，高上旋球，深球，过网急坠球和短线角度球的无速度的球使大力击球型的球员慢下来。大力击球型的球员很讨厌球速的改变，因为这样一来他们必须针对球的深度，高度和速度做调整。一旦球的速度，旋转度和高度改变之后会使他们漏球或慢下来减少他们的失误。当你觉得你已经打乱了他们的比赛战术时，你就可以赢得更多分数。

第三章：对抗非常规打法的球员

战术 #15

如何打败"牢骚"型的选手

问题：

"牢骚者"可以很大声使人分心。每次击球他们都会发出声音，声音的大小会根据赛点的长度，得分的重要性，或是他们的疲劳度而增加。

解决办法：

学会把注意力集中在更重要的因素上面，如：呼吸和脚步。把注意放在对手正在做什么上会使你分心，无法发挥出你最好的状态。找到那些可以把注意放在跟得分相关的事情上，如：调整球拍的弦，紧一下你的鞋带如果它们松了或是没系，察下汗。如果对手的叫声实在太影响你话，你也跟着叫吧。

战术 #16

如何击败打拖延战的球员

问题:

那些有意在得分和转换时间拖延比赛是想控制比赛的节奏。有些球员喜欢快节奏为了保持他们的节奏，而另一些球员不介意打得慢一些。在比赛中处于下风时放慢节奏是一个很好的战术，你可以有更对多时间调整失误找回状态。如果在比赛中有人这样对你，你有可能很难再找回状态。

解决办法:

专注你正在做的。不要落入对手拖延时间的陷阱。时刻做好准备，要给他们颜色看看。

战术 #17

如何战胜速战型的球员

问题:

有些球员喜欢快速得分完成比赛，不让那些不适应快节奏的对手有时间来造成反省失误的原因。他们常把短暂的喝水休息时间压得很短，在你没到底线准备好回球就开始发球。

解决办法:

当有对手保持快节奏的比赛，最好的战术就是在你觉得自在和不会失误的区域以慢打快。几种最好的方法是：

- 在换场的时候察汗，补充水分还有放慢呼吸。

- 把你的毛巾放在后面或是侧面护栏上，这样你可以通过每次得走过去察汗来放慢节奏。

- 在发球或回发前紧一下鞋带。

- 在发球前或回发前整理一下球拍的线。

战术 #18

如何击败受欢迎的选手

问题：

受粉丝欢迎的球员可能会有一大群跟随者。一些粉丝和家人的助威声会非常大，非常热烈，使他们的对手难以专注的比赛。当你失分时他们会鼓掌。重要的得分点和连续对打时他们也会鼓掌助威。

解决办法：

受观众欢迎的球员在他们领先时是非常难对付的，但是当他们处于下风时赛场会安静下来。专注在比赛的前期的胜利，然后保持上风。你领先得越多，观众发出的噪音就越小。一些粉丝，家属，和其他观众会提前离场，这意味着使你分心的因素就越少，从而赢得更好的赛果。即使你是那种真的很享受在比赛中去对抗观众的球员，我还是建议你先取得比赛的前期的胜利，然后保持住直到比赛结束。受观众欢迎的球员只有在他们处于上风的时候才收到观众的追捧；或是至少他们有机会取得胜利的时候，如果你可以证明他们没有任何机会，你的比赛会打得容易得多。

战术 #19

如何反击软角度球

问题：

软脚球是非常有力的武器，因为它们可以迫使球员离开后场，进到前场或是侧边。你的对手会因为它而全场跑动，而且特别可以让球员控制全场。

解决办法：

最好的对抗软角球的的方式是做到以下三点：

- 跟着球到网前在角度刚形成的时候就切断它。
- 回一个横穿球场的角度球，然后回到球场中央。
- 在你正前方的位置打一个过网急坠球将对手带到网前，然后回到中央位置拦截对手打任何的穿越球的可能性。

战术 #20

如何反击深高球

问题:

持续的深度的高球可以造成很多球员的失误。它们能将你推到离底线很后的位置,且迫使你回降落球,大大减少你的发力。无论它们有没有带上旋,这些球都具有威胁性,对手可以获得很好的反击。

解决办法:

深度的高球有几种的反击方法。

- 你可以后退然后用高球也用高球回击然后看对手是如何反应的。

- 你可以在球弹起上升的过程中进快回击。

- 你用削球回击,让球保持低和短的线路。

除了反击他们的深度高球外，你还可以通过这几种方式防止他们打出这类球：

- 打低角度的削球或是上旋球。

- 用截击或是回旋截击在空中就把球截住，让球无法形成它应有的深度。

- 打低的短线球迫使对手走到场内，让他们很难打出精准的深度高球。

战术 #21

如何反击高反手球

问题：

对于多数球员来的高反手球是最棘手的球，尤其是当你只有单手反手。高反手球需要更多力量把球打回场内，而且通常反手不是打高球的最好选择。

解决办法：

你可以通过三种方法战胜高反手球：

1. 你可以跑到你的反手位置用正手回击。

2. 在球上升时变为高反手球前就用反手回击。

3. 你可以退到足够远的位置再打中高或着低反手球。

战术 #22

如何战胜零乱打法的选手

问题:

零乱打法的球员总打非正统的球，球带有诡异的旋转，通常都不是很好技术球但是总可以打进场，而且不容易攻击他们的球。他们经常打的球有：削球，侧削球，侧上旋球，月亮球，过网急坠球。这些球都是很轻的触击而且球朝网内回弹。

解决办法:

当你不知道预期的球是什么的时候，最好的办法就是将重心放在你的脚趾上准备打各种类型的球。确定自己和球保持较近的距离，因为它比正常情况下移动得要多一些。如果球的弹向让你觉得不舒服，你可以到网前攻击当球还在空中的时候就回击，这样就不必担心球的弹向了。

第四章: 精神上的战术

战术 #23

如何克服紧张

问题:

在比赛种感到紧张是非常自然的反应。最重要的是不要让你的神经阻碍到你的表现。有时候在重要的得分点时太过紧张会让你的动作僵硬使得你犯很低级的失误或者加大你漏接的机会。

解决办法:

有很多种方式可以战胜神经。这里是几个对多数球员非常有效的方法:

- 移动你的脚步。当你觉得很紧张时，常常忘记移动你的步伐，这样会增加你失误的机会。频繁和快速地移动能够帮你更好的接到球而且在比赛中得到放松。

- 注意你在场内外的呼吸。当球来的的时候吸气，击球时呼气。当你在场下的时候呼吸更为重要，深呼吸放松你的肌肉，帮你把注意力集中在战术上而不是你的感觉上。

- 降低你的紧绷程度。试着积极正面思考你的战术，慢慢的深呼吸降低你的心跳速度。

战术 #24

如何克服压力

问题：

压力是另一个自然现象，当你觉得紧张，出于表现的压力，或者场外的因素如家人，朋友，迟到，忘记网球器具，天气条件等都会使你产生压力。

解决办法：

要战胜压力首先要弄清产生压力的原因。如果是因为迟到，确保自己不要慌，按部就班地做好赛前准备。你的动作再快也无法挽回失去的时间。慌乱只会增加你的失误。如果是因为天气而产生的压力，可能马上要下雨了。你应该把注意力放在当下的时间点上，真要下雨也没办法啊，所以不要在意比赛场上将要发生什么。如果你的压力来自家人，把你的注意力放在比赛上，如果他们对你的表现有负面影响请把他们隔离在你的思想之外。或者你可以要求他们在比赛中请保持安静，或是暂时离开到比赛结束再回来。家人当然希望你取得胜利但是比赛的压力对他们来说可能太大了。专心找到压力的根源并解决它，然后专心于赢取比赛。

战术 #25

如何保持注意力集中

问题：

保持注意力集中直到比赛结束不是一件容易的事情，需要很努力才能做到。一些球员再开始打得非常好但是结束时却非常糟糕就是因为他们缺乏注意力。另外一些球员从没有办法将注意力保持集中到比赛或是盘点结束。

解决办法：

要在整场比赛中保持注意力集中要做到以下几点。

1. 你需要视觉的提醒物帮助你在比赛中最重要的事情是什么或者哪些事情可以帮助你赢更多分。最好方法之一就是把重要的事情写在纸上放在换边时你可以瞄到的地方。这样可以帮你记住要做的事情。

2. 将两三件重要的能帮助你集中注意力事写在一张贴纸上，将贴纸粘在球拍一个不会掉落的安全位置上。球拍颈部内侧就是一个非常不错的位置。

战术 #26

交换场地时该想什么

问题：

这整个比赛过程中换边的时间一个最没被充分利用起来的思考时间。你应该思考什么？你又累又渴然而为什么要思考任何事情。但是换边时间是完成比赛中最重要的事情的黄金时间，这段时间可以去想所遇问题的解决办法，取得最后胜利。

解决办法：

在交换场地的时候什么使你得分，什么造成你失分。如果你没有在赢得分数，那你就要找出其原因。

也许你的对手在一开始就取得了控制权，迫使你只能打反手，不然你使用可以得分的正手。

也许你的脚步移动得不够频繁，需要注意一下。

也许你累了，想快点赢但是不知道怎么做。但是在交换场地的时候你可能会意识到要更主动些，可能要多打攻击网前或多打过网急坠球。

也许你的对手并没有用什么特别的战术，只是你一直在失误。但是在交换场地的时候你可能会意识到要多打长球，迫使你的对手多一点失误。

战术 #27

比赛前该思考什么

问题：

赛前要将重要的事情都想清楚，准备好一个进攻战术；但是知道在胜利或者失败面前想什么。

解决办法：

是的，在比赛中你应该发挥你最好的一面不要想得太多，但是在赛前你一定要做好充分的准备，准备好在比赛中该做的，这样在比赛中"自动飞行"模式就会开启执行你之前的想法。你应该想那些最能帮你成功的事，可以包括：

- 移动你的脚步。

- 发球时将球抛高些。

- 跟上所有的落地击球。

- 眼睛顶在球上。

- 不急着得分。

- 从比赛开始就攻击对手的弱点。

- 攻击对手的二发。

- 不被周围的噪音所干扰。

战术 #28

比赛前晚前该思考什么

问题:

比赛的前晚你应该好好休息，只想那些在你控制范围内的事。不要担心那些对你没有任何益处的事情，如下雨，起风，等。保证在比赛前晚身心都得到休息，你不会想以疲惫和虚弱最为新的一天的开始。

解决办法:

比赛的前一晚应该练习想象第二天会运用的打法。你可以想象一些特定战术的运用，如：

- 削球配合网前进攻。

- 用高上旋球攻击对手的反手或是较弱的那一边。

- 打球场对角的拉锯战。

其它可以想象的事情有：

- 想象自己从球场一角跑到另一角救回所有的困难球。

- 充满自信的面对对手的发球。

- 发球前傲然的抛起球。

- 在赛场上充满动力和活力。

战术 #29

落后一盘该怎么办

问题:

当你输掉了一盘,开始怀疑自己,觉得自己赢不了。要清楚该做什么去调整身心的状态。

解决办法:

当你落败一盘后你要明白现在的关键是要弄清你的失分点击和得分点.

如果你漏掉了很多高球,这说明对手可能在大部分时间里迫使你这种球,那么你应该试着更多地攻击网前,减少在后场回击高球地次数。

如果你是应为身体素质没有对手强的原因在拉锯战种落败,那么你应该找出一个快速得分方法。你可以把你的对手带到网前或是打更多的制胜球球。

如果你的得分来自反手位上的正手球，那么你就应该尽量跑到反手位上打正手球。

如果你的得分全部来自一发，那么你应该将重点就放在一发上面。

战术 #30

领先一盘后该做什么

问题:

如果你取得了第一盘的胜利,无论在心理上还是感情上都占了很大上风,那么为了取得胜利你在第二盘里应该做些什么?

解决办法:

在取得一盘的胜利之后,知道对手会尽最大努力将分数追上来。当然你也明白你离终点不远了,因为你已经完成了一半的赛程。

现在最重要的是就是做到下面三件事:

1. 将得分的战术坚持到底。目前改变取得胜利的战术不是明智的选择。不要愚蠢的选择变得太主动和不太主动。

2. 为取得前三局的胜利多做努力,这样一来你就取得了一个很好的新局面。这样会使你的对手变得沮丧,剩下的比赛的会更容易。3-0,2-0,4-0 在第二盘中都是很好的开局。

3. 确保你的分数处于领先状态直到比赛结束,换句话说就是不要让你对手有胜利的希望,如果现在不这么做,之后你一定会后悔。

战术 #31

到赛末点了该怎么办

问题：

可以用不同角度来看待赛末点。用正确方式来对待它结果当然大有不同。太过自信或是怀疑自己都时很正常地，但这都对带赛末点的消极反应。该做些什么？

解决办法：

赛末点是赢得比赛的绝佳机会。当处在赛点时要确保自己不要想太多。保持事情简单。不要犹豫且精准地重复那些使你的分地动作。如果你感到紧张，简单地呼吸，移动地脚步去消除紧张感。不要东张西望是自己分心。

记住：坚持原来的战术！

战术 #32

双发失误该怎么办

问题：

双发失误会影响你的情绪和心理。这是很正常的，只要你在比赛当中不是经常双发失误，它们就会影响到你，这是很正常的。重点是你该做什么想什么去改变这个状况。

解决办法：

专注在发球该做的事上。二发要求更高的控制性，因为这是你发球成功的最后机会。不要为此紧张或是给自己太大压力。跟着下面五步做来减少双发失误。

1. 选择性的击打你抛起的球。不需要每次抛球都击打。放松自己，只击打那些位置较好成功率较高的球。

2. 不要急着做发球动作。

3. 在发球前至少拍四次球，让自己慢下来。

4. 将挥拍贯串到底。

5. 击球时保持下巴和头都朝上，这样做可以让你的眼睛尽量盯在球上。

祝你们在比赛中能有好运，要记得尽量经常利用这些战术。它们可以帮助你赢得更多的比赛。

更多约瑟夫 科雷亚的著作

网球大力发球训练教程

这个 DVD 将教你在三个月内如何发出 10-20 mph 球速的发球。是市场上最好的发球训练教程。视频包括 3 个月的训练表以及分级手册。 这套 DVD 展示了如何进行合适的训练，帮助你达到目标的各个步骤。

是一个职业的网球选手兼教练。参加比赛并在其中执教多年。他除了是一位职业球员外，他还获得了职业教练证书以及儿童教练证书。

网球 33 项法则

网球 33 项法则是一本极有价值的网球书，能够帮助你成为一个更好更有准备的网球选手。这本书的作者是美国一个职业选手兼教练。它是一本非常有用的书，携带非常方便，它能提醒你在赛前的那些很小却非常重要的事情。

网球步法和有氧运动

约瑟夫 科雷亚是是一个职业的网球选手兼教练。参加国际网球协会和国际职业网球联合会的比赛并在其中执教多年。他除了是一位职业球员外，他还获得了美国职业网球网球注册职业教练证书以及国际网球协会儿童教练证书。

等到更到的身材，提高你在场上的机动性。当你在大幅提高你的步法的同时也可以加强你的身体的核心及上身。作为一个认真的球员无论你在什么水平上，这套训练绝对值得拥有。你在场上会更快，更强，更敏捷。回击落地球和发放球时的速度也会增加。这套训练是由职业球员为其他球员能在比赛种更有优势，赢得更多比赛而设计的。

网球瑜伽

网球瑜伽是一套非常好的能改善你在赛场上的协调性和敏捷性的方法。能救回更多的球，减少受伤。通过训练不同的部位让你能够赢得更多的比赛。这套 DVD 时长 30 分钟。业余和职业球员都有用过，提高的他们的比赛，在赛场上坚持得更久。这是让选手们成为更灵活，摆脱背部，膝盖，肩部，腿筋，小腿和四头肌受伤的最佳方法。你会很乐意开始练习这套瑜伽。这是 2012 身心灵瑜伽的改良版。

比尔卡班巴食谱

你可以找到的最好的食物和锻炼的书，让你保持好的身型和长寿。它时基于厄瓜多尔的一个叫"比尔卡班巴"的村子里的居民的食谱，那里的居民都比一般人更长寿且有更好的身体状态。对运动员们非常有益。

网球腹肌

网球腹肌是强化你身体核心部位的方法，它能使你的发球更有力，也能加强你的正手，反手和截击。腹肌是打出好比赛的关键。这套 DVD 有不同的屈膝，仰卧起坐，侧面的腹肌和背部的练习，是你在其他腹部练习的视频里无法找到的。在赛场上换上衣的时候为你的身材感到自信吧，同时打出更有力的球！

www.ingramcontent.com/pod-product-compliance
Lightning Source LLC
Chambersburg PA
CBHW052124070526
44586CB00016B/2074